青少年运动技能等级标准与测试方法丛书

青少年小轮车
运动技能等级标准与测试方法

全国青少年运动技能等级标准研制组　组编

科学出版社

北京

内 容 简 介

本书介绍了青少年小轮车运动技能等级标准与测试方法，主要内容包括测试场地、器材、设备及人员配备要求，测试的总体要求，各等级测试科目，一~九级测试方法。各级测试方法中规定了该级测试的方法与要求、场地设置、动作分值，并对测试过程中的动作辅以图示及说明。

本书可供国家及各级教育主管部门、体育主管部门，各级体育协会，体育院校及中小学校，社会性体育培训组织相关单位人员参考、使用。

图书在版编目（CIP）数据

青少年小轮车运动技能等级标准与测试方法 / 全国青少年运动技能等级标准研制组组编 . — 北京：科学出版社，2023.11

（青少年运动技能等级标准与测试方法丛书）
ISBN 978-7-03-073972-8

Ⅰ. ①青… Ⅱ. ①全… Ⅲ. ①自行车运动－称号等级（体育）－标准 ②自行车运动－称号等级（体育）－测试方法 Ⅳ. ①G872.3

中国版本图书馆 CIP 数据核字（2022）第 226646 号

责任编辑：张佳仪 / 责任校对：谭宏宇
责任印制：黄晓鸣 / 封面设计：殷 靓

科学出版社 出版
北京东黄城根北街 16 号
邮政编码：100717
http://www.sciencep.com
苏州市越洋印刷有限公司印刷
科学出版社发行 各地新华书店经销
*

2023 年 11 月第 一 版 开本：B5（720×1000）
2023 年 11 月第一次印刷 印张：6 1/2
字数：104 000
定价：**70.00 元**
（如有印装质量问题，我社负责调换）

"青少年运动技能等级标准与测试方法丛书"编辑委员会

主　编

陈佩杰　唐　炎

副主编

蔡玉军　丁　力

编　委

（按姓氏笔画排序）

丁海勇	马古兰丹姆	马吉光	王健清	卢志泉	史芙英	朱　东
朱江华	刘东宁	刘善德	李　菁	李玉章	李博文	李赟涛
杨小凤	陈旭晖	陈周业	罗晓洁	金银日	郑鹭宾	项贤林
施之皓	姜嵘嵘	骆　寅	袁　勇	唐　军	黄　卫	黄文文
董众鸣	韩春英	韩耀刚	谭晓缨	戴国斌		

"青少年运动技能等级标准与测试方法丛书"
专家指导委员会

（按姓氏笔画排序）

王培锟　叶玮玮　吉　宏　孙麒麟　吴　瑛　邱丕相　何志林
余丽桥　邵　斌　孟范生　梁文冲　虞定海　戴金彪

《青少年小轮车运动技能等级标准与测试方法》
编辑委员会

主　编
陈佩杰　唐　炎

副主编
蔡玉军　丁　力

执行主编
张　媛

编　委
（按姓氏笔画排序）

邓思瑾　付茂群　江　浩　鲍佳富

第二版丛书序

2018年4月，我国第一套涵盖11个运动项目的"青少年运动技能等级标准与测试方法"（以下简称"标准"）面向社会公开发布。同期，"标准"丛书由科学出版社正式出版。"标准"自问世以来，得到了教育部、国家体育总局、上海市教委、全国体育行业职业教育教学指导委员会，以及相关运动项目协会的高度肯定和大力支持，对推动青少年体育的发展起到了积极的作用。

截至目前，全国已有16个省（自治区、直辖市）的9000余名体育工作者接受了"标准"考评员培训，已有27个省（自治区、直辖市）的300余家社会机构组织开展了"青少年运动技能等级标准"测评，参加社会化测试的青少年近万人，有力推动社会力量对青少年体育发展做出贡献。上海市中小学校自2018年将"标准"作为推进学校体育工作的重要抓手，全面开展针对青少年学生的运动技能等级测试以来，到2019年底共测试中小学生超过10万人，测试结果为深入了解青少年学生运动技能掌握的实情、发现体育教学中存在的问题提供了有力参考。同时，针对体操、高尔夫球、羽毛球等项目，创新性地开展了比赛与测试相结合的标准等级赛，极大地激发了青少年参与比赛的热情，丰富了比赛的内涵，提升了青少年参与比赛的获得感，产生了良好的社会效益。

2018年12月，"标准"丛书获得了第27届上海市中小学、幼儿园优秀图书评选活动二等奖。2019年4月，"标准"丛书被列入上海市中小学、幼儿园图书馆（室）图书配置推荐目录。"标准"部分内容也在2019年被上海市初中教材《体育与健身》采纳，正式作为上海市初中生的体育课程学习内容。

"标准"在国内得到多方认可的同时，也受到了国际同行的关注。2019年4月出版的《青少年软式曲棍球运动技能等级标准与测试方法（中英文版）》得到了国际软式曲棍球联合会和亚洲大洋洲软式曲棍球联合会的认证，成为该项目的国际标准。这为"标准"在世界范围内的传播开了先河，彰显了我国青少年体育发展成果的国际影响力。

首批11个运动项目的"标准"出版后，引起了广大体育同行对青少年体育技能发展问题的关注，并积极投入到新"标准"的研制工作中。到目前为止，上海体育学院、成都体育学院、沈阳体育学院、哈尔滨体育学院、南京体育学院、宁波大学、上海理工大学、东华大学等单位积极支持科研人员参与到新"标准"的研制中，先后正式出版了软式曲棍球、健美操、体育舞蹈、艺术体操、空竹、跳绳6个项目的"标准"用书。此外，攀岩、轮滑等10余个新兴和时尚运动项目也已被纳入了研制和出版计划。

在首批"标准"的推广应用过程中，部分专家学者及广大使用者对进一步完善"标准"提出了非常宝贵的意见。研制组在对这些意见进行认真梳理和广泛讨论的基础上，决定开展对首批"标准"的完善和升级工作。经过近1年的努力，率先完成了足球、篮球、排球、羽毛球和高尔夫球5个项目的"标准"（第二版）工作。"标准"（第二版）主要有以下一些变化。

一是标齐等级难度。各项目研制组在基于前期测试的基础上，结合专家意见，尽可能标齐了不同项目同一等级的难度，增强了"标准"等级之间的可比性。

二是采用百分制。每一等级测试均采用百分制，提高了"标准"同一等级内的区分度，为中小学校利用"标准"开展学生体育学业评价提供方便。

三是提升测试效率。对部分之前测试较烦琐、耗时较长的科目进行了改进，简化了测试流程，增强了测试简便性，提升了测试效率。

四是提高严谨性。对各项目标准中存在的错误进行修订，对部分测试指标进行调整，并对第一版中的文字、图片和视频进一步完善。

在"标准"投入应用后，广大中小学体育教师、社会体育俱乐部教练对于如何指导青少年学练"标准"各等级测试动作产生了强烈需求。为此，各项目研制组针对各级测试的动作技术关键、易犯错误、教学步骤及学练方法等内容开展了教学指导用书的编写工作，以期"标准"能更好地为青少年体育实践服务。此外，各项目"标准"研制组积极开展人工智能测试工具的研发，为实现全程自动化测试奠定了基础。

不忘初心，方有正确航向。千锤百炼，才能永葆生机。希望通过不断的修订，能够提升"标准"的质量，打造出精品，为青少年的体育发展提供不竭动力。当然，由于研制者学识、能力和水平有限，"标准"丛书可能存在疏漏和不足之处，恳请各项目专家学者和实践应用者提出宝贵意见，以供进一步完善。

陈佩杰　唐　炎
2020年4月15日

第一版丛书序

2017年11月，国家体育总局、教育部、中央文明办、国家发改委、民政部、财政部和共青团中央7部门联合制定出台了《青少年体育活动促进计划》，明确提出"研究建立青少年运动技能等级评定标准"，并要求"各级教育部门应将运动技能等级纳入学生综合素质评价体系"。运动技能水平是衡量个体体育综合能力的关键指标，让青少年掌握1～2项运动技能是国家对青少年体育教育的基本要求。然而，如何客观有效地评判青少年运动技能的掌握水平，我们还缺乏一套行之有效的标准。毋庸讳言，当前运动技能等级标准的缺失已经成为制约青少年体育改革发展的主要因素。这对学校体育与健康课程改革的效果检验和深入推进、青少年体育素养水平评价的实施及社会性青少年体育培训的规范开展都造成了影响。因此，制定一套能展现运动项目特征、反映运动技能进阶规律、科学性强且便于测试的"青少年运动技能等级标准"（以下简称"标准"）已迫在眉睫。

2016年3月，上海体育学院组建了"标准"研制组并开展相关工作。经过广泛的专题调研和充分的分析讨论后，研制组确立了四等十二级制的"标准"体系构架，并以"标准"指标能反映运动项目的实际运用能力、能反映个体运动技能水平的变化、能促进青少年运动参与的积极性、能与竞技体育运动等级标准有效衔接为基本思路，依托中国乒乓球学院强大的科研力量，以乒乓球运动技能等级标准的研制为突破口，以点带面地推进研制工作。2017年4月12日，研制组首先发布了《青少年乒乓球运动技能等级标准》（以下简称《乒乓球标准》）。《乒乓球标准》的发布得到了中国乒乓球协会与上海市教委相关领导、乒乓球界多位名宿与专家的高度肯定，国家体育总局官网、新华网、环球网等数十家媒体予以报道。在《乒乓球标准》成功发布的基础上，研制组进一步优化研制思路和路径。又历时1年，经过对9 000余名青少年进行测试和数十轮专家研讨，研制组先后完成了足球、篮球、排球、羽毛球、网球、高尔夫球、田径、体操、游泳、武术10个运动项目的"标准"研制工作。上海市学生体育协会对"标准"高度认可，并采纳其全部内容用于促进青少年学生体育活动的开展工作。同时，"标准"已作为行业主体在上海市质量技术监督局申请为"团体标准"。"标准"的正式出台对于推动青少年体育发展可以起到以下几方面的作用。第一,"标准"的体系构架能够实现普通青少年与精英运动员的运动技能水平评定的衔接,能够为体育管理部门掌握青少年运动技能等级分布情况、规划运动项目发展方向提供支撑。第二,"标准"的指标设计充分考虑到运动项目参与主体的获得感,青少年在每一阶段的进步均能通过等级的进阶得到证明,从而更好地激发和维持青少年积极参与运动的热情。第三,"标准"在对个体参与测试的资格上添加了运动经历的要素,要求被测试者从进入"提高级"的测试开始,必须要具备相应的运动经历才能参与测试。这样的设置突出了"标准"作为评价工具的发展功能,能够避免青少年将技能等级提升与运动实践相割裂的弊端,从而更好地带动青少年积极运动。第四,"标准"指标体系的科学性及测试方法的便捷性能够为学校开展体育技能教学、评定学生体育技能水平提供技术支撑,能够为教育部门开展学生体育素养测评提供科学便捷的工具,更好地实践体育与健康课程的育人价值。第五,"标准"能够为各种青少年体育培训机构的培训质量提供明确的评价依据。当前,青少年体育培训机构虽然蓬勃发展,但也良莠不齐。评价培训质量的指标较多,而青少年运动技能水平的提升程度无疑才是评价培训质量优劣的重要参考。

从提出研制思路到最终成稿,上海市教委都给予了极大的支持与帮助。同时,上海体育学院国家社会科学基金重大项目"中国儿童青少年体育健身大数据平台建设研究"研究团队从项目设计开始,就将"标准"的研制作为主要的研究任务之一,并形成了专门的研究小组进行技术攻关。此外,各运动项目领域的诸多专家及协会、众多中小学学校及社会性体育培训机构也在本"标准"的研制过程中提供了大量帮助。在此,向所有为"标准"的研制工作贡献力量的人员表示衷心的感谢!

受学识的限制,"标准"肯定存在着诸多不完善的地方。因此,恳请广大专家学者以及应用"标准"的相关机构、组织及个人不吝赐教,多提宝贵意见,为"标准"的进一步完善提供真知灼见!

陈佩杰 唐 炎
2018年3月12日

编写说明

"青少年运动技能等级标准与测试方法"丛书的编写特点如下：

● **科学性强** 基于万余名青少年的测试数据，经过数十轮专家论证而制定。各等级的测试科目基本涵盖了该项运动的主要技术，体现了运动项目的本质特征和运动技能的进阶规律。

● **客观性强** 研制过程中尽可能采用智能化的测试手段，能够有效避免主观因素的干扰。此外，还对各运动项目的测试场地、器材、设备、考官及被测试者提出了统一要求，从而保证了不同测试基地间测量的可信度。

● **操作性强** 在保证科学性和客观性的基础上，力求各运动项目等级的测试方法更简单易行，耗时更少。

● **引领性强** 不同运动项目的相同等级难度设置基本对等，具有一定的层次性。从"提高级"开始，要求具备相应的运动经历，能够激发和维持青少年的运动参与热情。

● **贯通性强** 能与高水平竞技运动有效衔接，从而实现普通青少年与运动精英在技能上的贯通。

● **直观性强** 各等级测试过程中的动作要点均辅以图片进行说明，且每项测试科目都配有示范内容的视频，通过扫描二维码，即可直观、便捷地了解测试内容与方法。

目　　录

测试场地、器材、设备及人员配备要求
场地...03
器材...03
设备...03
人员...03

测试的总体要求
测试规则...05
测试评分标准...05
被测试者要求...06
考官要求...06
测试点要求...07

各等级测试科目

一级测试
测试方法与要求...12
场地设置...12
动作图示及要点说明...12

二级测试
测试方法与要求...16
场地设置...16
动作图示及要点说明...16

三级测试
测试方法与要求...20
场地设置...20
动作图示及要点说明...20

目录

四级测试
测试方法与要求 26
场地设置 26
男生动作图示及要点说明 26
女生动作图示及要点说明 29

五级测试
测试方法与要求 34
场地设置 34
男生动作图示及要点说明 34
女生动作图示及要点说明 37

六级测试
测试方法与要求 42
场地设置 42
男生动作图示及要点说明 42
女生动作图示及要点说明 46

七级测试
测试方法与要求 52
场地设置 52
男生动作图示及要点说明 52
女生动作图示及要点说明 56

八级测试
测试方法与要求 62
场地设置 62
男生动作图示及要点说明 62
女生动作图示及要点说明 67

九级测试
测试方法与要求 74
场地设置 74

男生动作图示及要点说明.. 74
女生动作图示及要点说明.. 80

附录

青少年小轮车运动技能等级标准与测试方法

　　小轮车运动起源于20世纪60年代的美国加利福尼亚州，因其场地要求低且体验感刺激而广泛受到青少年的喜爱，于20世纪90年代末传入我国。

　　国际自行车联盟（Union Cycliste Internationale，UCI）设定小轮车运动包括自由式小轮车和竞速小轮车两个项目分类，其中自由式小轮车包括：平地花式（Flatland）、泥地跳跃（Dirtjump）、街式（Street）、公园赛（Park）和半管式（Miniramp）。竞速小轮车为2008年北京奥运会正式比赛项目，自由式小轮车为2020年东京奥运会正式比赛项目。小轮车运动传入我国后，深受青少年喜爱，在各大城市都有一定数量的爱好者。坚持参与小轮车运动，不仅可以提高青少年的协调性、平衡性和灵活性，还能培养青少年坚韧不拔、自信乐观的健全人格。

　　为帮助青少年掌握1～2项运动技能，促进青少年健康成长，同时也为了服务于小轮车运动的良好发展，特制定"青少年小轮车运动技能等级标准"（以下简称"标准"）。本"标准"整体上采用四等十二级制，测试内容涵盖了小轮车基本技术。其中，一～三级为入门级、四～六级为提高级、七～九级为专业级、十～十二级为精英级。本"标准"仅针对一～九级，预留十～十二级与高水平运动员等级相衔接。

测试场地、器材、设备及人员配备要求

场地

场地要求平整、防滑，地面材质以水泥或者硬质地 PVC 为宜，整体以不影响正常骑行的材质为标准。每个等级测试场地的尺寸不同，具体参见各等级场地设置要求。所有场地中的标志线用白色线标出，线宽5厘米。

器材

标志桶：采用符合要求的竞赛标志桶，即高为30～50厘米、底座直径为10～20厘米。

跳台：钢结构材质，尺寸见各等级测试科目要求。

弧面半管：钢结构材质或水泥材质，尺寸详见各等级测试科目要求。

设备

医用急救箱1套，全程录像设备1套，专用电脑2台，配备网络接口/无线网，保证网络通畅。采用"标准"委员会认可的电子计量设备。

人员

主考官：1名。

助考：至少2名。

其他考务人员：根据测试规模及需要配备若干名。

测试的总体要求

测试规则

被测试者首次申请测试可从任一等级开始，但应对自己的水平有一定预估。首次测试通过后方可申请高一等级的测试，不通过者须至少降一等级重新申请。

本"标准"结合UCI系列竞赛规则制定，测试方法及动作要求以本"标准"的规定为准，如违反"标准"要求，将停止测试。被测试者在测试过程中仅有两次机会。一～二级测试中，被测试者进行规定线路科目测试；三～九级测试中，被测试者须完成全部规定动作测试，未完成全部规定动作的被测试者视作放弃测试。

测试评分标准

每级测试的科目总分为100分。考官根据下表所示的评分标准进行打分，所有扣分项为累计项目，可重复扣分，扣分结束的总分为被测试者的最终成绩。

各等级评分标准一览表

等级	评分维度	扣分点（单次）
一～三级	动作标准度	·单脚落地扣1分 ·双脚落地扣5分（直线行驶出现双脚落地则该项不得） ·摔倒则该项不得分 ·轮子出边线扣5分 ·车身和身体碰标志桶扣1分 ·标志桶位置移动或倒地扣2分 ·非要求落顶动作后轮落至顶面扣3分
四～六级	高度、流畅度、着陆点、整体完成度	·单脚落地扣1分 ·脚在脚踏滑动扣1分 ·双脚落地扣5分 ·摔倒扣15分 ·动作中脱单手（非动作本身需要）扣2分 ·流畅度不足，单个动作扣2分 ·整体完成度不足扣5分 ·飞跃动作过程中，后轮未能通过跳台顶面或弧面过度着陆扣2～5分 ·高度不足扣2～5分
七～九级	高度、流畅度、着陆点、整体完成度、动作连贯性、各动作之间的融合度、场地利用程度	·单脚落地扣1分 ·脚在脚踏滑动扣1分 ·双脚落地扣5分

续表

等级	评分维度	扣分点（单次）
七~九级	高度、流畅度、着陆点、整体完成度、动作连贯性、各动作之间的融合度、场地利用程度	・摔倒扣15分 ・动作中脱单手（非动作本身需要）扣2分 ・流畅度不足，单个动作扣2分 ・整体完成度不足扣5分 ・飞跃动作过程中，后轮未能通过跳台顶面或弧面过度着陆扣2~5分 ・动作连贯性不足扣2~3分 ・场地利用程度不足扣3分 ・动作高度不足扣2~5分

被测试者要求

被测试者在测试前须进行不低于15分钟的热身活动，熟悉测试场地、道具及车感。在此基础上，被测试者应按照考官要求依次进行科目的测试。测试时，被测试者应穿着符合小轮车测试科目规格的全套护具，其中四级测试以上的被测试者须佩戴符合UCI竞赛要求的小轮车项目全套护具（包括头盔、护肘、护膝、护掌等）。

考官要求

主考官及助考必须身着小轮车项目专用测试服装参与测试。测试前考官必须认真检查测试场地、器材安全与相关标准，提醒被测试者做好充分的准备活动。

主考官资质：应是取得小轮车运动国家级及以上裁判证书者。一~六级测试的主考官应是取得小轮车运动国家二级及以上裁判证书者，或经"标准"委员会认定的人员。七~九级测试的主考官应是取得小轮车运动自由式小轮车国家一级及以上裁判证书者，或经"标准"委员会认定的人员。所有考官均应无不良执裁记录。

助考资质：应是本"标准"六级及以上测试达标的人员，或经"标准"委员会认定的人员。

测试点要求

测试点须保证场地整洁、卫生、明亮，无易造成伤害事故的坚硬物体等或其他安全隐患，室内场地必须有安全出口和紧急疏散通道。整个测试过程须全程录像。

各等级
测试科目

各等级测试科目一览表

等级	测试动作	
性别	男生	女生
一级	上车起步 直线行驶 S形过弯 车头拉起 前轮脚刹 后轮脚刹	
二级	胸口吸气拉车头 后轮拉翻跳车 压翻前轮跳车 后轮抬起 双轮起（平跳）	
三级	跳台飞跃 弧面上高 上下弧面 弧面高度（后轮出弧面） 兔子跳过障碍20厘米 后轮滑行2米	跳台飞跃 弧面上高 上下弧面 兔子跳过障碍10厘米 后轮滑行2米
四级	单手摸座包 十字转把 撒单手 撒单脚 撒双脚	十字转把 撒单手 撒单脚 撒双脚 弧面高度（后轮出弧面）
五级	转把1周 大鹏展翅 360° 弧面十字转把 弧面撒单手	单手摸座包 单脚侧踢 踩曲柄1周 弧面撒单脚 弧面撒单手
六级	360°+转把1周 360°+十字转把 神龙摆尾1周 弧面十字转把 弧面转把1周	360° 转把1周 跳台飞跃撒双脚 跳台飞跃撒单脚 弧面踩曲柄1周 弧面十字转把
七级	跳台飞跃360°+转把1周 跳台飞跃神龙摆尾1周 跳台飞跃大鹏展翅 跳台飞跃360°+十字转把 弧面转把1周 弧面单手摸座包 弧面大鹏展翅	跳台飞跃转把1周 大鹏展翅 跳台飞跃单脚侧踢 跳台飞跃360° 弧面单脚侧踢 弧面单手摸座包

续表

等级	测试动作	
性别	男生	女生
八级	跳台飞跃后空翻 跳台飞跃360°+转把1周+十字转把 跳台飞跃360°+神龙摆尾1周 跳台飞跃车身折叠 跳台飞跃360°+单手摸座包 弧面转把2周 弧面神龙摆尾1周 弧面车身水平	跳台飞跃转把1周+十字转把 360°+转把1周 360°+十字转把 跳台飞跃神龙摆尾1周 跳台飞跃大鹏展翅 弧面车身水平 弧面大鹏展翅
九级	跳台飞跃360°+转把2周 跳台飞跃神龙摆尾2周 跳台飞跃360°+车身水平 跳台飞跃360°+慢速转把1周 跳台飞跃双脚左右踢 弧面神龙摆尾2周 弧面侧空翻 弧面车身折叠	跳台飞跃后空翻 跳台飞跃转把2周 跳台飞跃神龙摆尾1周 跳台飞跃360°+转把1周 跳台飞跃360°+十字转把 弧面转把1周+十字转把 弧面神龙摆尾1周 弧面转把2周

一级测试

测试方法与要求

被测试者在指定场地和标准测试距离下,按照规定线路进行测试,在相应区域完成动作。整个测试须在2分钟内完成,包括上车起步、直线行驶、S形过弯、车头拉起、前轮脚刹、后轮脚刹6个动作。

场地设置

测试场地长25米,宽4米,场地中间包括由5个标志桶组成的S形过弯线路。

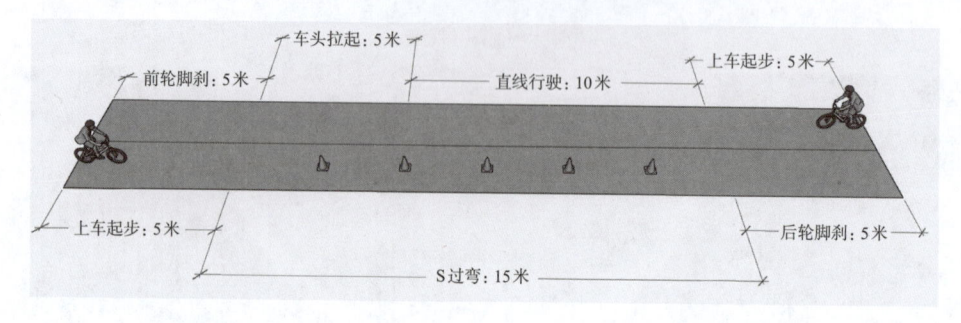

• 一级测试规定路线示意图

动作图示及要点说明

1.上车起步(10分)

跨车站立,单脚踩踏板启动车辆,起步后双脚同时站立于脚踏上,直向骑行5米通过终点。

上车起步

2.直线行驶（20分）

在距离边线50厘米的区域内，直向骑行10米通过终点。

直线行驶

3.S形过弯（30分）

从起步线出发，在边线内绕标志桶骑行，骑行路线成S形。

S形过弯

4. 车头拉起（20分）

在5米骑行距离内，将车头拉起离地至少1次。

车头拉起

5. 前轮脚刹（10分）

在10米骑行距离内，用一只脚踩前轮轮胎，使车辆减速。

前轮脚刹

6. 后轮脚刹（10分）

在10米骑行距离内，用一只脚踩后轮轮胎，使车辆减速。

后轮脚刹

二级测试

测试方法与要求

被测试者在指定场地和标准测试距离下，按照规定线路进行测试。整个测试须在2分钟内完成，包括胸口吸气拉车头、后轮拉翻跳车、压翻前轮跳车、后轮抬起、双轮起（平跳）5个动作。

场地设置

测试场地长25米，宽4米。其中，加速区域长10米，动作考核区域长10米，刹车区域长5米

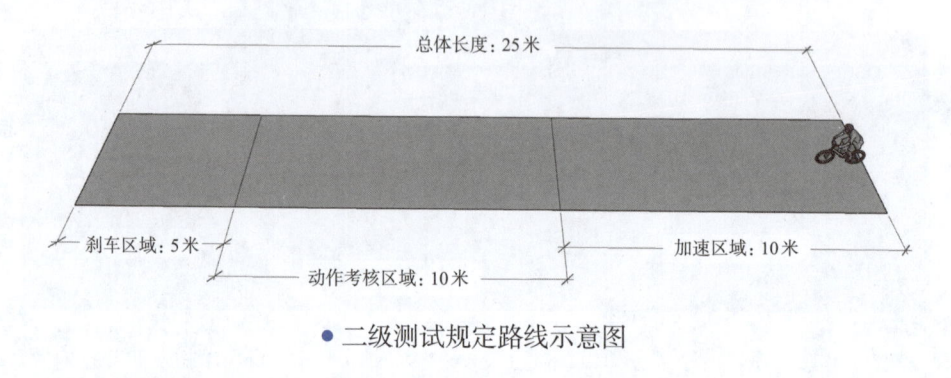

• 二级测试规定路线示意图

动作图示及要点说明

1. 胸口吸气拉车头（10分）

骑行中上肢协同躯干一起发力，挺胸拉起车头，仅后轮着地的同时身体挺直。

胸口吸气
拉车头

2. 后轮拉翻跳车（20分）
骑行中上肢发力拉起车把，使车头抬起，直至向后拉翻跳下车辆。

后轮拉翻
跳车

3. 压翻前轮跳车（30分）
模仿前轮滑行，行进中将后轮抬起，从车把前方跳下。

压翻前轮
跳车

4. 后轮抬起（20分）
骑行中将后轮抬起离地至少1次。

后轮抬起

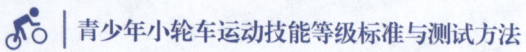

5.双轮起(平跳)(20分)

骑行中上肢协同躯干发力,使前后轮同时向上跳起离地。

双轮起
(平跳)

三级测试

测试方法与要求

被测试者在指定场地和指定道具范围内,按照要求完成规定动作。整个测试须在3分钟内完成,动作包括跳台飞跃、弧面上高、上下弧面、弧面高度(后轮出弧面)(女生无此动作)、兔子跳过障碍20厘米(男)/10厘米(女)、后轮滑行2米。

场地设置

无出发台情况下,跳台前直线加速距离不得小于20米;弧面前直线加速距离不得小于25米。

有出发台情况下,道具前准备距离不得小于6米。

弧面半管高度大于2米;跳台高度不大于1.5米,顶面长度不超过2.5米。

动作图示及要点说明

1.跳台飞跃(男生20分/女生20分)

平地或出发台起步,借助弧面向上向前飞跃后,落至跳台另一侧缓冲斜面,并驶出斜面。

跳台飞跃

2.弧面上高（男生10分/女生20分）

在弧面距离地面高度50厘米、80厘米、100厘米、120厘米、150厘米处分别设置标记。平地或出发台起步，骑行上弧面转下，以后轮通过的高度分别给出2分、4分、6分、8分、10分的相应分数。

弧面上高

3.上下弧面（男生20分/女生20分）

平地或出发台起步，借助弧面向上跃起，平稳飞上弧面平台，下车，双脚落地，再重新上车进入弧面顺势向下，驶出弧面。

上下弧面

4. 弧面高度（后轮出弧面）（男生30分/女生无此动作）

平地或出发台起步，借助弧面向上使车辆飞跃出弧面顶边（后轮需要超过弧面顶边），转身落回弧面，并驶出弧面。

弧面高度
（后轮出弧面）

5. 兔子跳过障碍（男生10分/女生20分）

以距离测试标高点位10米处为起点，平地骑行，采用先起前轮再起后轮的方式跳跃规定高度（男生20厘米，女生10厘米）。

兔子跳
过障碍

三级测试

6.后轮滑行2米（男生10分/女生20分）

平地骑行至标志线时将车头拉起，利用后轮向前滑行2米。骑行加速距离为10米。

后轮滑行
2米

四级测试

测试方法与要求

被测试者在指定场地和指定道具范围内,按照要求完成规定动作。整个测试须在4分钟内完成,男女生动作不同。男生5个动作,包括单手摸座包、十字转把、撒单手、撒单脚、撒双脚;女生5个动作,包括十字转把、撒单手、撒单脚、撒双脚、弧面高度(后轮出弧面)。

场地设置

无出发台情况下,跳台前直线加速距离不得小于30米。
有出发台情况下,道具前准备距离不得小于6米。
跳台高度不得小于1.2米。

男生动作图示及要点说明

1. 单手摸座包(20分)

平地或出发台起步,借助跳台腾空。腾空时,单手持车把转90°,同时身体重心后移,躯干自然前倾,另一只手摸座包。完成动作后,恢复骑行姿态,平稳落在跳台顶面,继续向前行驶。

单手摸座包

四级测试

2.十字转把(20分)

平地或出发台起步,借助跳台腾空。腾空时,双手持车把向任一方向转90°。完成动作后,平稳落在跳台顶面,继续向前行驶。

十字转把

3.撒单手(20分)

平地或出发台起步,借助跳台腾空。腾空时,保持上半身压车,一只手撒开、舒展至远离躯干,随后收回握住车把。完成动作后,平稳落在跳台顶面,继续向前行驶。

· 27 ·

撒单手

4. 撒单脚（20分）

平地或出发台起步，借助跳台腾空。腾空时，一只脚向外侧舒展、踢出，随后收回踩住脚踏。完成动作后，平稳落在跳台顶面，继续向前行驶。

撒单脚

5. 撒双脚（20分）

平地或出发台起步，借助跳台腾空。腾空时，双脚同时向外侧舒展、打开，随后收回踩住脚踏。完成动作后，平稳落在跳台顶面，继续向前行驶。

四级测试

撒双脚

女生动作图示及要点说明

1.十字转把(20分)

平地或出发台起步,借助跳台腾空。腾空时,双手持车把向任一方向转90°。完成动作后,平稳落在跳台顶面,继续向前行驶。

十字转把

· 29 ·

2.撒单手(20分)

平地或出发台起步,借助跳台腾空。腾空时,保持上半身压车,一只手撒开、舒展至远离躯干,随后收回握住车把。完成动作后,平稳落在跳台顶面,继续向前行驶。

撒单手

3. 撒单脚（20分）

平地或出发台起步，借助跳台腾空。腾空时，一只脚向外侧舒展、踢出，随后收回踩住脚踏。完成动作后，平稳落在跳台顶面，继续向前行驶。

撒单脚

4. 撒双脚（20分）

平地或出发台起步，借助跳台腾空。腾空时，双脚同时向外侧舒展、打开，随后收回踩住脚踏。完成动作后，平稳落在跳台顶面，继续向前行驶。

撒双脚

5. 弧面高度（后轮出弧面）(20分)

平地或出发台起步，借助弧面向上使车辆飞跃出弧面顶边（后轮需要超过弧面顶边），转身落回弧面，并驶出弧面。

弧面高度
（后轮出弧面）

五级测试

测试方法与要求

被测试者在指定场地和指定道具范围内,按照要求完成规定动作。整个测试须在4分钟内完成,男女生动作不同。男生5个动作,包括转把1周、大鹏展翅、360°、弧面十字转把、弧面撒单手;女生5个动作,包括单手摸座包、单脚侧踢、踩曲柄1周、弧面撒单脚、弧面撒单手。

场地设置

无出发台情况下,跳台前直线加速距离不得小于30米。
有出发台情况下,道具前准备距离不得小于6米。
跳台高度不得小于1.2米;弧面半管高度不得小于2.5米。

男生动作图示及要点说明

1. 转把1周(20分)

平地或出发台起步,借助跳台腾空。腾空时,保持上半身压车,习惯手发力使车把旋转1周,随后双手握住车把。完成动作后,平稳落在跳台顶面,继续向前行驶。

转把1周

2.大鹏展翅（20分）

平地或出发台起步，借助跳台腾空。腾空时，双手拉回车把，膝盖夹住把立，上半身包住车辆，双手向身体侧后方完全舒展，随后收回双手握住车把。完成动作后，平稳落在跳台顶面，继续向前行驶。

大鹏展翅

3. 360°（20分）

平地或出发台起步，借助跳台腾空。腾空时，人车旋转1周。完成动作后，平稳落在跳台顶面，继续向前行驶。

360°

4.弧面十字转把(20分)

平地或出发台起步,借助弧面半管腾空。腾空时,双手持车把向任一方向转90°。完成动作后,落回弧面并平稳驶出。

弧面十字
转把

5.弧面撒单手(20分)

平地或出发台起步,借助弧面半管腾空。腾空时,保持上半身压车,一只手撒开、舒展至远离躯干,随后收回握住车把。完成动作后,落回弧面并平稳驶出。

五级测试

弧面撒单手

女生动作图示及要点说明

1. 单手摸座包（20分）

平地或出发台起步，借助跳台腾空。腾空时，单手持车把转90°，同时身体重心后移，躯干自然前倾，另一只手摸座包。完成动作后，恢复骑行姿态，平稳落在跳台顶面，继续向前行驶。

单手摸座包

2.单脚侧踢（20分）

平地或出发台起步，借助跳台腾空。腾空时，一只脚向另一侧踢出，随后收回踩住脚踏。完成动作后，平稳落在跳台顶面，继续向前行驶。

单脚侧踢

3.踩曲柄1周（20分）

平地或出发台起步，借助跳台腾空。腾空时，双脚踩脚踏使曲柄旋转1周。动作完成后，平稳落在跳台顶面，继续向前行驶。

五级测试

踩曲柄1周

4.弧面撒单脚（20分）

平地或出发台起步，借助弧面半管腾空。腾空时，一只脚向外侧舒展、踢出，随后收回踩住脚踏。完成动作后，落回弧面并平稳驶出。

弧面撒单脚

5.弧面撒单手（20分）

平地或出发台起步，借助弧面半管腾空。腾空时，保持上半身压车，一只手撒开、舒展至远离躯干，随后收回握住车把。完成动作后，落回弧面并平稳驶出。

弧面撒单手

六级测试

测试方法与要求

被测试者在指定场地和指定道具范围内,按照要求完成规定动作。整个测试须在4分钟内完成,男女生动作不同。男生5个动作,包括360°+转把1周、360°+十字转把、神龙摆尾1周、弧面十字转把、弧面转把1周;女生6个动作,包括360°、转把1周、跳台飞跃撒双脚、跳台飞跃撒单脚、弧面踩曲柄1周、弧面十字转把。

场地设置

无出发台情况下,跳台前直线加速距离不得小于30米。

有出发台情况下,出发台高度建议不小于2米,以保证提供足够的速度;道具前准备距离不得小于6米。

跳台高度不得小于1.2米;弧面半管高度不得小于2.5米。

男生动作图示及要点说明

1. 360°+转把1周(20分)

平地或出发台起步,借助跳台腾空。腾空时,人车旋转1周,转体的同时,习惯手发力使车把旋转1周,随后双手握住车把。完成动作后,平稳落在跳台顶面,继续向前行驶。

360°+
转把1周

2. 360°+十字转把（20分）

平地或出发台起步，借助跳台腾空。腾空时，人车旋转1周，转体的同时，双手持车把向任一方向转90°。完成动作后，平稳落在跳台顶面，继续向前行驶。

360°+
十字转把

3. 神龙摆尾1周（20分）

平地或出发台起步，借助跳台腾空。腾空时，双手持车把，单侧脚发力，使车辆在身下旋转1周，双脚踩回脚踏。完成动作后，平稳落在跳台顶面，继续向前行驶。

神龙摆尾
1周

4. 弧面十字转把（20分）

平地或出发台起步，借助弧面半管腾空。腾空时，双手持车把向任一方向转90°。完成动作后，落回弧面并平稳驶出。

弧面
十字转把

5. 弧面转把1周（20分）

平地或出发台起步，借助弧面半管腾空。腾空时保持上半身压车，习惯手发力使车把旋转1周，随后双手握住车把。完成动作后，落回弧面并平稳驶出。

弧面转把1周

女生动作图示及要点说明

1. 360°(15分)

平地或出发台起步,借助跳台腾空。腾空时,人车旋转1周。完成动作后,平稳落在跳台顶面,继续向前行驶。

360°

2. 转把1周(15分)

平地或出发台起步,借助跳台腾空。腾空时,保持上半身压车,习惯手发力使车把旋转1周,随后双手握住车把。完成动作后,平稳落在跳台顶面,继续向前行驶。

转把1周

3. 跳台飞跃撒双脚（15分）

平地或出发台起步，借助跳台向上向前飞跃。飞跃过程中，双脚同时向外侧舒展、打开，随后收回踩住脚踏。完成动作后，落在跳台另一侧并平稳驶出。

跳台飞跃撒双脚

4. 跳台飞跃撒单脚（15分）

平地或出发台起步，借助跳台向上向前飞跃。飞跃过程中，一只脚向外侧舒展、踢出，随后收回踩住脚踏。完成动作后，落在跳台另一侧并平稳驶出。

跳台飞跃撒单脚

5. 弧面踩曲柄1周（20分）

平地或出发台起步，借助弧面半管腾空。腾空时，双脚踩脚踏使曲柄旋转1周。完成动作后，落回弧面并平稳驶出。

六级测试

弧面踩曲柄
1周

6. 弧面十字转把（20分）

平地或出发台起步，借助弧面半管腾空。腾空时，双手持车把向任一方向转90°。完成动作后，落回弧面并平稳驶出。

弧面
十字转把

· 49 ·

七级测试

测试方法与要求

被测试者在指定场地和指定道具范围内，按照要求完成规定动作。整个测试须在5分钟内完成。完成弧面动作过程中，被测试者腾空时距离弧顶高度，男生须大于1米，女生须大于0.5米。

男女生动作不同。男生动作7个，包括跳台飞跃360°+转把1周、跳台飞跃神龙摆尾1周、跳台飞跃大鹏展翅、跳台飞跃360°+十字转把、弧面转把1周、弧面单手摸座包、弧面大鹏展翅；女生动作6个，包括跳台飞跃转把1周、大鹏展翅、跳台飞跃单脚侧踢、跳台飞跃360°、弧面单脚侧踢、弧面单手摸座包。

场地设置

无出发台情况下，跳台前直线加速距离不得小于30米。

有出发台情况下，出发台高度建议不小于2米，以保证提供足够的速度；道具前准备距离不得小于6米。

跳台高度不得小于1.4米；弧面半管高度不得小于2.5米。

男生动作图示及要点说明

1. 跳台飞跃360°+转把1周（20分）

平地或出发台起步，借助跳台向上向前飞跃。飞跃过程中，人车旋转1周，转体的同时，习惯手发力使车把旋转1周，随后双手握住车把。完成动作后，落在跳台另一侧并平稳驶出。

跳台飞跃360°+转把1周

2.跳台飞跃神龙摆尾1周(12分)

平地或出发台起步,借助跳台向上向前飞跃。飞跃过程中,双手持车把,单侧脚发力,使车辆在身下旋转1周,双脚踩回脚踏。完成动作后,落在跳台另一侧并平稳驶出。

跳台飞跃
神龙摆尾
1周

3.跳台飞跃大鹏展翅(12分)

平地或出发台起步,借助跳台向上向前飞跃。飞跃过程中,双手拉回车把,膝盖夹住把立,上半身包住车辆,双手向身体侧后方完全舒展,随后收回双手握住车把。完成动作后,落在跳台另一侧并平稳驶出。

跳台飞跃
大鹏展翅

4. 跳台飞跃360°+十字转把（20分）

平地或出发台起步，借助跳台向上向前飞跃。飞跃过程中，人车旋转1周，转体的同时，双手持车把向任一方向转90°。完成动作后，落在跳台另一侧并平稳驶出。

跳台飞跃
360°+十字
转把

5. 弧面转把1周（12分）

平地或出发台起步，借助弧面半管腾空。腾空时，保持上半身压车，习惯手发力使车把旋转1周，随后双手握住车把。完成动作后，落回弧面并平稳驶出。

弧面转把
1周

6. 弧面单手摸座包（12分）

平地或出发台起步，借助弧面半管腾空。腾空时，单手持车把转90°，同时身体重心后移，躯干自然前倾，另一只手摸座包。完成动作后，恢复骑行姿态，落回弧面并平稳驶出。

弧面单手摸座包

7. 弧面大鹏展翅（12分）

平地或出发台起步，借助弧面半管腾空。腾空时，双手拉回车把，膝盖夹住把立，上半身包住车辆，双手向身体侧后方完全舒展，随后收回双手握住车把。完成动作后，落回弧面并平稳驶出。

弧面
大鹏展翅

女生动作图示及要点说明

1. 跳台飞跃转把1周（15分）

平地或出发台起步，借助跳台向上向前飞跃。飞跃过程中，保持上半身压车，习惯手发力使车把旋转1周，随后双手握住车把。完成动作后，落在跳台另一侧并平稳驶出。

跳台飞跃
转把1周

2.大鹏展翅(20分)

平地或出发台起步,借助跳台腾空。腾空时,双手拉回车把,膝盖夹住把立,上半身包住车辆,双手向身体侧后方完全舒展,随后收回双手握住车把。完成动作后,平稳落在跳台顶面,继续向前行驶。

大鹏展翅

3.跳台飞跃单脚侧踢(15分)

平地或出发台起步,借助跳台向上向前飞跃。飞跃过程中,一只脚向另一侧踢出,随后收回踩住脚踏。完成动作后,平稳落在跳台另一侧并平稳驶出。

跳台飞跃
单脚侧踢

4. 跳台飞跃360°（20分）

平地或出发台起步，借助跳台向上向前飞跃。飞跃过程中，人车旋转1周。完成动作后，落在跳台另一侧并平稳驶出。

跳台飞跃
360°

5.弧面单脚侧踢(15分)

平地或出发台起步,借助弧面半管腾空。腾空时,一只脚向另一侧踢出,随后收回踩住脚踏。完成动作后,落回弧面并平稳驶出。

弧面
单脚侧踢

6.弧面单手摸座包(15分)

平地或出发台起步,借助弧面半管腾空。腾空时,单手持车把转90°,同时身体重心后移,躯干自然前倾,另一只手摸座包。完成动作后,恢复骑行姿态,落回弧面并平稳驶出。

青少年小轮车运动技能等级标准与测试方法

弧面单手
摸座包

八级测试

测试方法与要求

被测试者在指定场地和指定道具范围内，按照要求完成规定动作。整个测试须在5分钟内完成。完成弧面动作过程中，被测试者腾空时距离弧顶高度，男生须大于1.5米，女生须大于0.8米。

男女生动作不同。男生动作8个，包括跳台飞跃后空翻、跳台飞跃360°+转把1周+十字转把、跳台飞跃360°+神龙摆尾1周、跳台飞跃车身折叠、跳台飞跃360°+单手摸座包、弧面转把2周、弧面神龙摆尾1周、弧面车身水平；女生动作7个，包括跳台飞跃转把1周+十字转把、360°+转把1周、360°+十字转把、跳台飞跃神龙摆尾1周、跳台飞跃大鹏展翅、弧面车身水平、弧面大鹏展翅。

场地设置

无出发台情况下，跳台前直线加速距离不得小于30米。

有出发台情况下，出发台高度建议不小于2米，以保证提供足够的速度；道具前准备距离不得小于6米。

跳台高度不得小于1.5米；弧面半管高度不得小于2.5米。

男生动作图示及要点说明

1. 跳台飞跃后空翻（15分）

平地或出发台起步，借助跳台向上向前飞跃。飞跃过程中，身体核心收紧并弯曲发力，双手向后拉车把，双脚踩住脚踏形成下支点，同时配合躯干发力完成向后空翻。完成动作后，落在跳台另一侧并平稳驶出。

跳台飞跃
后空翻

2. 跳台飞跃360°+转把1周+十字转把（15分）

平地或出发台起步，借助跳台向上向前飞跃。飞跃过程中，人车旋转1周，转体的同时，先习惯手发力使车把旋转1周，双手握住车把后再向任一方向转90°。完成动作后，落在跳台另一侧并平稳驶出。

跳台飞跃
360°+转把
1周+十字
转把

3.跳台飞跃360°+神龙摆尾1周（15分）

平地或出发台起步，借助跳台向上向前飞跃。飞跃过程中，人车旋转1周，转体的同时，双手持车把，单侧脚发力，使车辆在身下旋转1周，双脚踩回脚踏。完成动作后，落在跳台另一侧并平稳驶出。

跳台飞跃360°+神龙摆尾1周

4.跳台飞跃车身折叠（10分）

平地或出发台起步，借助跳台向上向前飞跃。飞跃过程中，双手持车把向任一方向转90°，同时身体侧移，包住头管，前脚向下踩45°，并保持一定时间。完成动作后，落在跳台另一侧并平稳驶出。

跳台飞跃车身折叠

5.跳台飞跃360°+单手摸座包(10分)

平地或出发台起步,借助跳台向上向前飞跃。飞跃过程中,人车旋转1周,转体的同时,单手持车把转90°,身体重心后移,躯干自然前倾,另一只手摸座包。完成动作后,落在跳台另一侧并平稳驶出。

跳台飞跃360°+单手摸座包

6.弧面转把2周(10分)

平地或出发台起步,借助弧面半管腾空。腾空时,习惯手发力使车把旋转2周,随后双手握住车把。完成动作后,落回弧面并平稳驶出。

· 65 ·

弧面转把
2周

7.弧面神龙摆尾1周（15分）

　　平地或出发台起步，借助弧面半管腾空。腾空时，双手持车把，单侧脚发力，使车辆在身下旋转1周，双脚踩回脚踏。完成动作后，落回弧面并平稳驶出。

弧面神龙
摆尾1周

8.弧面车身水平(10分)

平地或出发台起步,借助弧面半管腾空。腾空时,双手持车把,将车身放平在身体一侧,两腿膝盖并拢,内侧手贴住胸口,再将车身回正落回弧面,并平稳驶出。

弧面车身水平

女生动作图示及要点说明

1.跳台飞跃转把1周+十字转把(10分)

平地或出发台起步,借助跳台向上向前飞跃。飞跃过程中,习惯手发力使车把旋转1周,双手握住车把后再向任一方向转90°。完成动作后,落在跳台另一侧并平稳驶出。

跳台飞跃
转把1周+
十字转把

2. 360°+转把1周（15分）

平地或出发台起步，借助跳台腾空。腾空时，人车旋转1周，转体的同时，习惯手发力使车把旋转1周，随后双手握住车把。完成动作后，平稳落在跳台顶面，继续向前行驶。

360° +
转把1周

3. 360° + 十字转把（15分）

平地或出发台起步，借助跳台腾空。腾空时，人车旋转1周，转体的同时，双手持车把向任一方向转90°。完成动作后，平稳落在跳台顶面，继续向前行驶。

360° +
十字转把

4.跳台飞跃神龙摆尾1周(15分)

平地或出发台起步,借助跳台向上向前飞跃。飞跃过程中,双手持车把,单侧脚发力,使车辆在身下旋转1周,双脚踩回脚踏。完成动作后,落在跳台另一侧并平稳驶出。

跳台飞跃
神龙摆尾
1周

5.跳台飞跃大鹏展翅(15分)

平地或出发台起步,借助跳台向上向前飞跃。飞跃过程中,双手拉回车把,膝盖夹住把立,上半身包住车辆,双手向身体侧后方完全舒展,随后收回双手握住车把。完成动作后,落在跳台另一侧并平稳驶出。

八级测试

跳台飞跃
大鹏展翅

6.弧面车身水平（15分）

平地或出发台起步，借助弧面半管腾空。腾空时，双手持车把，将车身放平在身体一侧，两脚膝盖并拢，内侧手贴住胸口，再将车身回正落回弧面，并平稳驶出。

弧面车身
水平

· 71 ·

7.弧面大鹏展翅(15分)

平地或出发台起步,借助弧面半管腾空。腾空时,双手拉回车把,膝盖夹住把立,上半身包住车辆,双手向身体侧后方完全舒展,随后收回双手握住车把。完成动作后,落回弧面并平稳驶出。

弧面
大鹏展翅

九级测试

测试方法与要求

被测试者在指定场地和指定道具范围内,按照要求完成规定动作。整个测试须在5分钟内完成。完成弧面动作过程中,被测试者腾空时距离弧顶高度,男生须大于2米,女生须大于0.8米。

男女生动作不同。男生动作8个,包括跳台飞跃360°+转把2周、跳台飞跃神龙摆尾2周、跳台飞跃360°+车身水平、跳台飞跃360°+慢速转把1周、跳台飞跃双脚左右踢、弧面神龙摆尾2周、弧面侧空翻、弧面车身折叠;女生动作包括8个,跳台飞跃后空翻、跳台飞跃转把2周、跳台飞跃神龙摆尾1周、跳台飞跃360°+转把1周、跳台飞跃360°+十字转把、弧面转把1周+十字转把、弧面神龙摆尾1周、弧面转把2周。

场地设置

无出发台情况下,跳台前直线加速距离不得小于30米。

有出发台情况下,出发台高度建议不小于2米,以保证提供足够的速度;道具前准备距离不得小于6米。

跳台高度不得小于1.4米;弧面半管高度不得小于2.5米。

男生动作图示及要点说明

1. 跳台飞跃360°+转把2周(15分)

平地或出发台起步,借助跳台向上向前飞跃。飞跃过程中,人车旋转1周,转体的同时,习惯手发力使车把旋转2周,随后双手握住车把。完成动作后,落在跳台另一侧并平稳驶出。

九级测试

跳台飞跃
360°＋转把
2周

2.跳台飞跃神龙摆尾2周（15分）

平地或出发台起步，借助跳台向上向前飞跃。飞跃过程中，双手持车把，单侧脚发力，使车辆在身下旋转2周，双脚踩回脚踏。完成动作后，落在跳台另一侧并平稳驶出。

跳台飞跃
神龙摆尾
2周

3. 跳台飞跃360°+车身水平（10分）

平地或出发台起步，借助跳台向上向前飞跃。飞跃过程中，人车旋转1周，转体的同时，双手持车把，将车身放平在身体一侧，两脚膝盖并拢，内侧手贴住胸口，再将车身回正。完成动作后，落在跳台另一侧并平稳驶出。

跳台飞跃360°+车身水平

4. 跳台飞跃360°+慢速转把1周（10分）

平地或出发台起步，借助跳台向上向前飞跃。飞跃过程中，人车旋转1周，转体的同时，习惯手发力，使车把向人车旋转的相反方向慢速旋转1周，随后双手握住车把。完成动作后，落在跳台另一侧并平稳驶出。

跳台飞跃360°+慢速转把1周

5. 跳台飞跃双脚左右踢（10分）

平地或出发台起步，借助跳台向上向前飞跃。飞跃过程中，一只脚向对侧踢出并踩回脚踏，随后另一只脚向对侧踢出并踩回脚踏。完成动作后，平稳落在跳台另一侧并平稳驶出。

跳台飞跃
双脚左右踢

6. 弧面神龙摆尾2周（15分）

平地或出发台起步，借助弧面半管腾空。腾空时，双手持车把，单侧脚发力，使车辆在身下旋转2周，双脚踩回脚踏。完成动作后，落回弧面并平稳驶出。

弧面神龙
摆尾2周

7. 弧面侧空翻（15分）

平地或出发台起步，借助弧面半管腾空。腾空时，身体核心收紧并弯曲发力，双手向后拉车把，双脚踩住脚踏形成下支点，同时配合躯干发力向后侧方完成空翻。完成动作后，落回弧面并平稳驶出。

弧面侧空翻

九级测试

8. 弧面车身折叠（10分）

平地或出发台起步，借助弧面半管腾空。腾空时，双手持车把向任一方向旋转90°，同时身体侧移，包住头管，前脚向下踩45°，并保持一定时间。完成动作后，落回弧面并平稳驶出。

弧面车身折叠

女生动作图示及要点说明

1.跳台飞跃后空翻(15分)

平地或出发台起步,借助跳台向上向前飞跃。飞跃过程中,身体核心收紧并弯曲发力,双手向后拉车把,双脚踩住脚踏形成下支点,同时配合躯干发力完成向后空翻。完成动作后,落在跳台另一侧并平稳驶出。

跳台飞跃
后空翻

2.跳台飞跃转把2周(10分)

平地或出发台起步,借助跳台向上向前飞跃。飞跃过程中,习惯手发力使车把旋转2周,随后双手握住车把。完成动作后,落在跳台另一侧并平稳驶出。

跳台飞跃
转把2周

3.跳台飞跃神龙摆尾1周(10分)

平地或出发台起步,借助跳台向上向前飞跃。飞跃过程中,双手持车把,单侧脚发力,使车辆在身下旋转1周,双脚踩回脚踏。完成动作后,落在跳台另一侧并平稳驶出。

跳台飞跃
神龙摆尾
1周

4. 跳台飞跃360°＋转把1周（15分）

平地或出发台起步，借助跳台向上向前飞跃。飞跃过程中，人车旋转1周，转体的同时，习惯手发力使车把旋转1周，随后双手握住车把。完成动作后，落在跳台另一侧并平稳驶出。

跳台飞跃
360°＋转把
1周

5. 跳台飞跃360°＋十字转把（15分）

平地或出发台起步，借助跳台向上向前飞跃。飞跃过程中，人车旋转1周，转体的同时，双手持车把向任一方向转90°。完成动作后，落在跳台另一侧并平稳驶出。

跳台飞跃
360°+十字
转把

6. 弧面转把1周+十字转把（10分）

平地或出发台起步，借助弧面半管腾空。腾空时，先习惯手发力使车把旋转1周，双手握住车把后再向任一方向转90°。完成动作后，落回弧面并平稳驶出。

弧面转把
1周+十字
转把

7. 弧面神龙摆尾1周（15分）

平地或出发台起步，借助弧面半管腾空。腾空时，双手持车把，单侧脚发力，使车辆在身下旋转1周，双脚踩回脚踏。完成动作后，落回弧面并平稳驶出。

弧面神龙
摆尾1周

8.弧面转把2周（10分）

平地或出发台起步，借助弧面半管腾空。腾空时，习惯手发力使车把旋转2周，随后双手握住车把。完成动作后，落回弧面并平稳驶出。

弧面转把
2周

九级测试

附 录

基础动作中英文对照表

中文名称	英文名称
上下弧面	air
兔跳过障碍	bunny hop
后轮滑行	manual
单手摸座包	toboggan
十字转把	X-up
撒单手	one hander
撒单脚	one footer
撒双脚	no footed
转把	barspin
大鹏展翅	tuck no hander
360°	360°
弧面十字转把	air X-up
弧面撒单手	air one hander
单脚侧踢	cancan
踩曲柄1周	ET
弧面撒单脚	air one footer
神龙摆尾	tailwhip
跳台飞跃	over
后空翻	backflip
车身折叠	turn down
慢速转把	slow barspin
转把2周	double barspin
车身水平	air table top
双脚左右踢	one foot to cancan
弧面侧空翻	air flair